ELEGÍ PERDER

Fernando Mañogil

COLECCIÓN ITES

ELEGÍ PERDER

© Fernando Mañogil Martínez
© Prólogo: Eduardo Boix
© de esta edición: Olé Libros, 2025

ISBN: 979-13-87620-56-1
Depósito legal: V-1081-2025
Impreso en España

KALOSINI, S. L.
Grupo editorial olélibros
equipo@olelibros.com
www.olelibros.com

Se canta lo que se pierde.
ANTONIO MACHADO

La poesía no tiene lectores, es un género muerto.
MANUEL VILAS

Da miedo pensarlo, pero apenas me leen
los analfabetos, ni los obreros, ni los niños.
BLAS DE OTERO

Desdichados,
poca ganancia es la vuestra
si nunca habéis perdido nada.
Yo sí he perdido:
yo tengo, como el náufrago,
toda la tierra esperándome.
FRANCISCA AGUIRRE, «NO OS CONFUNDÁIS»

PRÓLOGO
Elegí ganar, un antiprólogo

Partamos de la base de que para mí no existe literatura sin amistad. Es una constante en mi vida. Yo, que no practico el noble y humano arte de la envidia, me alegro de los triunfos de los amigos. Aunque no lo crea el lector, sacar a la luz un libro de poemas es un acto milagroso, un triunfo ante la muerte, por lo que le digo a mi amigo Fernando Mañogil que ha elegido ganar. Esta obra que tienen ante sus manos es un niño asombrado. Es otro hijo más que ha sacado mi amigo Fernando y con este prólogo, en parte, lo bautizo.

Ya que me ha tocado ser el padrino les voy a contar una historia: Hace unos meses, Fernando, mi amigo, me dijo con esa voz solemne que solo tienen los amigos que iba a dejar de escribir. Evidentemente no le creí, nadie en su sano juicio cree en la derrota de un poeta. Todos los escritores de versos son como el boxeador sonado que regresa al *ring*, no porque gane dinero, es por si por algún casual el de al lado está más sonado que él y se cae de solo mirarlo, la gloria está asegurada. Pero aquí nos encontramos ante su nuevo libro y nos preguntamos: ¿Hacia dónde ha ido Fernando?

El poemario abre con un poema largo en el que enumera sus caras frente a la vida: «A veces me veo en el reflejo del agua, / o creo ser ese que se cepilla los dientes delante del espejo, / o el muñeco inerte de ese juego de acción, / o el líder de un equipo de fútbol virtual, / o el avatar caricaturesco de la pequeña pantalla, / o el novio de madera de la tarta nupcial,

/ o la calcomanía borrosa del niño que un día fui, / el anciano que seré... Maquiavélico simulacro, teatro imaginario...». Cuando Fernando me dio a leer una versión neonata de este libro noté una evolución hacia un marcado simbolismo. Ya no era el poeta de verso claro. Había avanzado hacia la imagen, hacia el impacto de lo visual.

Cualquiera que lea el poemario puede decir que es un poemario pesimista, yo no lo creo. Fernando es un ser luminoso, trabajador, honesto, franco. No tiene dobleces, pero sí bondad, puede que sea una de las mejores personas que conozco, no tiene sombras, aunque sus poemas me rebatan esta idea: «Y pasa el tiempo y nunca nos acercaremos a la luna, / y nunca viajaremos hasta el sol, y no podremos volver a Ítaca, / habrá que aceptar la derrota, / permitir la entrada del caballo en Troya, otra vez, por última vez... // Y pasa el tiempo y no habrá oscuras golondrinas...».

Podríamos decir que *Elegí perder* es un exorcismo. Fernando ha sacado a los fantasmas de paseo. Nos ha mostrado los demonios. Pero no es nada interior lo que atormenta a Mañogil, hay algo más. Es ese monstruo que todos tenemos dentro y que él solo observa. Es como el padre Damien Karras, a través de su escritura vuelca el dolor de los otros, porque son ellos los que sufren, él solo lo pone en el papel. Utiliza el dolor de los demás para ver las reacciones, porque él no ha perdido. Siempre pierden los otros. Son esos otros los que utilizan al médium Fernando para comunicarse y, con su ironía, nos muestra el camino, como nos indica en los últimos versos: «Os pido perdón por la tristeza, / os pido perdón por creerme derrotado de antemano, / pero todo es un palimpsesto, / revivimos las vidas de otros, para eternizar nuestros egos. / Os pido perdón, insisto, / porque, como hacen los trileros, / os he invitado al engaño poético / y habéis picado».

Eduardo Boix
Elche, 20 de febrero de 2024

8

A veces me desdoblo, o soy otra cosa sin yo saberlo (¿o tal vez lo sé?),
por ejemplo: el punto rojo en el mapa de un hotel,
que me dice: «usted está aquí», hecho que me desconcierta
y me aturde al mismo tiempo.
A veces soy un personaje de los test de la autoescuela
que duda acerca de quién debe salir primero de una intersección;
a veces soy la huella infértil de mis pasos por la arena,
mi perfil en redes, mi yo holográfico del sueño de anteayer...
A veces soy el niño que aparece en las fotos del año 92
con camiseta y chándal de las Olimpiadas de Barcelona
(«amic per sempre»).
A veces me veo en el reflejo del agua,
o creo ser ese que se cepilla los dientes delante del espejo,
o el muñeco inerte de ese juego de acción,
o el líder de un equipo de fútbol virtual,
o el avatar caricaturesco de la pequeña pantalla,
o el novio de madera de la tarta nupcial,
o la calcomanía borrosa del niño que un día fui,
el anciano que seré... Maquiavélico simulacro, teatro imaginario,
pantagruélica mente: devoradora de recuerdos vacuos,
sombra y sueño conviviendo en un mismo perfil.

En el camino de baldosas amarillas solo quedaba la utopía
                                    [de encontrar un cerebro,
un corazón y el valor que no heredé.
En el País de Nunca Jamás no encontré a los niños perdidos,
solo el tictac irredimible del cocodrilo del *tempus fugit*.
En Liliput el tamaño era lo que menos importaba,
solo ambicionaba el regreso a mi Ítaca soñada,
otro anhelo imposible, en brazos de Circe perecí.
En Macondo intenté cazar mariposas amarillas
o enrolarme en alguna de las guerras en las que Aureliano Buendía
                                    [acabó desquiciado,
pero no esperaba huir de allí ante la inminente noticia de Melquíades.
En Comala entendí que la muerte es un destino irremediable
mientras vas caminando por la vida.
En Santa María conviví con el deterioro de la raza humana,
con la corrupción del alma, astillada por los estertores ribereños.
En las calles de Vetusta quise ser un Álvaro Mesía,
pero acabé besando sapos con Ana Ozores
y pidiendo bendiciones a Fermín de Pas.
Solo queda ahora esperar a que la realidad supere a la ficción.

Se aleja la vida esmerilada, atrás quedará el pánico, el sollozo gris
[y el viento sacro.
La niebla se perpetúa en la mente sinuosa,
busca el reposo en la ciénaga de la senectud,
crepitantes rayos succionan el color añil del cielo.
No duermo, me obligo a seguir viviendo en esta cáscara solemne
[que es la esfera celeste,
que es la burbuja transparente y jabonosa del éter.
Pero no puedo respirar, la claridad se oculta, todo me ahoga,
[me produce hastío y soledad.
No quiero ver mi muerte en el espejo, no quiero desdoblarme en otro ser,
no quiero ser testigo de tus lágrimas,
pero una voz me dice: «déjate ir, solo queda dejarse ir...».
Ahora mirad, ya llega el silencio.

Somos polizones de cúpulas ignífugas,
seres que sucumben en secaderos de odio,
en montañas de erráticos sueños...
Desearemos que el alacrán nos unja con su veneno,
que nos devore el Jaguar,
que la utopía no sea más que meter la cabeza en el horno
[(marcarnos un Sylvia Plath).
La huida resulta un criadero de lombrices que impide la salida del tronco,
la plebe suspira por boquear mientras asoman cabezas desde el hormiguero,
el carnero nos mira desafiante y prepara su embestida.
Nadie asoma por el cielo, el cierzo rezuma en los hospitales,
la casaca del silencio castiga a los adoradores de ruecas,
a los succionadores de egos, a las princesas sin cuento...
Solo nos queda soportar la somnolencia que provoca el páramo
de ofensas que tragamos cada día, solo queda restituir los ídolos
en los templos arrasados de la memoria
y no dejar el ancla herrumbrosa en los parajes noctámbulos.

La lenta caída, verle los ojos al letargo,
no saber adaptarse a la hora que marca el reloj,
inhibir el llanto en una sonrisa anquilosada,
permitir la muerte en vida, el nunca en el siempre, el trato entre odio.
La lenta ignorancia de los años,
de la espina que se clava en la piel sin más remedio,
que fulgura oscuridad en sus aristas...
Sin duda, tengo la paciencia ya consumida,
cosida la herida que supuraba largas noches en vela, pero ya no, no.
Quiero fluir como un río, dejarme ir, como los hijos de la mar.

Y pasa el tiempo y nunca nos acercaremos a la luna,
y nunca viajaremos hasta el sol, y no podremos volver a Ítaca,
habrá que aceptar la derrota,
permitir la entrada del caballo en Troya, otra vez, por última vez...
Y pasa el tiempo y no habrá oscuras golondrinas,
ni tupidas madreselvas,
no habrá tiempo para interrumpir el tiempo entre tú y yo,
porque la noche es clara
y *la luna ha decidido bajar a la fragua con su polisón de nardos...*

Daría la niebla de mis pensamientos,
el embrión ebúrneo de mis pasos por la vida,
las líneas de mis manos sin destino,
el iris de mis ojos tristes,
la espuma regia de mi pelo de sal,
los fósforos candentes de mis labios de hastío,
una última ráfaga de miradas obtusas,
mi casa hecha de rabia y de desdichas,
el contorno imperfecto de mis manías,
la libérrima estética de mi vida poética,
la cáscara dorada de mi fe extinguida,
un cielo raso sin estrellas ni planetas,
la semilla de mi verso en cada siembra,
la certeza infame de manipular el tiempo,
la angustia subordinada al dolor de perderte...
Qué no daría si supiera encapsular las horas
en el cuenco eterno que dibujan tus manos.

Sigo aquí, aguantando el calor de la primera muerte,
temblando entre tanques de miedo alucinógeno,
perdiendo la guerra del encuentro con la paz,
idolatrando a un dios de esparto y cartulina.
El recuerdo permanece, por un tiempo soy Aquiles,
pero el caudal del río es firme y acompasado,
dibuja líneas curvas por su cauce serpenteante,
fluirá su agua por orden de Heráclito
y será mi vida, desde entonces, cruel heraclicidio.

En el refugio salmódico de la casa en llamas
busqué las letras fallidas que son sinónimo de mediocridad,
templé las aspas de los recuerdos infantiles,
para no idealizar las huellas de otros años...
Olvidé la espuma de las olas,
quedaron atrás las fotos edulcoradas,
el rugido fiero del león, hoy, con más de media vida a cuestas,
viene, como la avalancha, la consciencia de la muerte.

Blando la súplica, agarro el mástil de la vida,
soy un corsario naufragando en la nostalgia,
un frágil pirata que merodea por las costas de la inopia,
que no encuentra el tesoro oculto en un pedazo de la historia,
que caduca en la vibración de la tierra,
que asume el polvo y revoca su emblema hundido en la arena,
que no entiende el sentido del viento ni la ciencia del astrolabio,
nómada del vientre yermo, de la loma árida,
canción de cementerio, silencio rudo en el mar del tiempo.

A veces sale el monstruo, abre sus fauces y devora lo que encuentra a su paso,
succiona, con su flamante ego, todo lo que le rodea,
inspecciona el terreno, abruma por su perfil demente y arrollador,
no discrimina, es un cíclope rampante en la rueda destructora,
vecino de la musa del caos, sultán del destrozo fulgurante,
una bestia que vive dormida en nosotros, que en su letargo es llama tenue,
fuego abrasador cuando la vida arde.

No da tregua el reloj, se precipita el abismo,
sangre y sueño, infarto sordo a la hora de la cena,
pasto de lombrices infectas,
druidas de la carne cruda, carroñeros de sueños perdidos,
bandoleros en las cuevas del infierno,
cálices derramados en tramposas cenas,
un beso traicionero en la orilla de la niebla,
hilo fino de corta trayectoria asido por las parcas,
estatua de sal erosionada con la duna,
óbolo hundido en la laguna Estigia,
limbo eterno, espejo todo en el que ver la muerte.

Por casualidad, por pura casualidad,
                    [acabé intuyendo la retórica de la destrucción,
la pacífica nota discorde que se desplaza por el pentagrama
                                    [y suscita la desilusión,
la clave innata, la oscura clave de sol...
Descubrí la musicalidad de los astros en los versos que irradian las miradas,
la observación supuso un impulso vivo, el acicate excelso,
                                    [la premura del soneto...
Al final del día el sistema se trastocó,
se llenó de lianas el caudal de agua metafórica y el resultado ya es palpable.

Comprendí que el verano terminaba,
que tendría que volver a la realidad obstinada del otoño,
a los pasos terrosos de los días grises,
al espasmo que suponen los días sin luz,
a la atalaya solitaria de mis versos intrascendentes.
El humo de la rutina ya envuelve las estancias,
la pistola cargada espera al joven Werther,
los sueños aguardan al desdichado Segismundo,
Gregorio Samsa agoniza mientras el tranvía lleva al trabajo
[a su sustituto...
Y así pasan los días...
Algunas tardes, cuando la luz aún distrae a las estrellas
y el lobo difumina su aullido en el horizonte,
espero en el acantilado
la llegada del verdugo que me cortará las alas.

Invito a la curiosidad, a salir del letargo,
permítanme que sublime la laboriosa misión de la indagación,
rendir pleitesía a la pregunta sin respuesta,
a lo inhóspito, a lo que resulta irreverente,
llevemos jeroglíficos en las líneas de las manos,
entretengamos la mente con el soplido de la razón,
con la literatura, que es sinónimo de vida y de útil moralidad,
sintamos crecer las barbas del conocimiento
y no dejemos que nos rasuren las ideas
con motivos vacíos de rigor y oscuras letras.

Tomar altura para caer en picado,
acercar el crucifijo a la laicidad de mis venas,
contemplar el norte desde la heredad del sur,
sentirse vivo pensando en la muerte,
saltar sin miedo hacia la oscuridad del abismo,
plasmar en verso los pensamientos en prosa,
desplegar las alas para no despegar los pies del suelo,
silenciar los estertores de la debacle,
buscar la risa cuando es protagonista el llanto,
tapar el sol con los nocturnos pensamientos
que ya humean al desprenderse del poema.

La ingravidez de mi ropa tendida al aire libre,
susceptible de vientos y huracanes,
metáfora de un alma volátil, del no ser,
de lo intangible y lo invisible,
de lo recóndito, de lo que nadie ve,
pero subyace en el aura de las nubes...
Un penacho de luz en la opaca oscuridad,
la letanía del tiempo en la losa de la vida,
como un claro de luna repicando en la fuente,
así vuela la percepción de lo inasible.

Ahora que ya todo es cal y musgo,
que ha ganado el moho el terreno a la blancura,
ahora que se ha podrido el fuego,
que hemos amortizado el oro
y que los recursos naturales nos alejan de la edad del metal,
volvemos al barro, a tocar los tambores de la lluvia,
a tronchar la carne con punzones de piedra y cuchillos de rabia,
a fornicar como bestias sin mirarnos la cara,
ahora, que ya todo el tiempo que nos quedaba por vivir ha pasado
y nos acercamos al umbral del caos,
otorguemos importancia a la bacteria y al virus,
a las constantes vitales, a los templos de piedra,
a las casas de adobe y a las horas sin sueño
que provocan los amores imposibles.

Comienzo a darme al vaivén del tiempo,
al devenir de los acontecimientos,
a la rutina de los días con final incierto,
a los finales trágicos con personajes tercos,
a la intercalación del cosmos y el caos.
Sigo acogiéndome a la planificación de las sombras,
busco el perdón en lugares inhóspitos,
en avenidas sin gente,
en la ruptura del viento en las esquinas
y en el acometer temeroso de las olas en el arrecife.
De nuevo fracaso, construyo un nuevo calendario,
busco los símbolos encriptados que esconde el cielo,
inundo la cuartilla con versos disímiles,
emborrono el lienzo con colores ocres
y agonizo pertrechado de retos en la cumbre de un nuevo ciclo.

Soportar la existencia, conato de aullido general,
huelga de cruzadas de poder, balanceo ruinoso,
ecos de fusiles y bayonetas, chasquidos de floretes, pan y circo...
En los juegos del hambre no hay amigos ni milagros,
no hay refugios para el pobre,
no hay paz impuesta por el cielo...
Golpeados por los sucesos infames nos repetimos,
con mal criterio, por nadie que pase, Dios mío, por nadie que pase...

Elegí perder, elegí la poesía,
la estrategia de los golpeados,
el esfuerzo sin recompensa,
la salida de Humanidades.
Ahora siento orgullo de perdedor,
nunca podré llegar a mesa puesta,
nunca saldré en portada,
ni abriré noticiarios,
pero yo te canto para después tu perfil y tu gracia.
Canto para las generaciones como yo,
de perdedores,
la historia de un fracaso,
pero en el fracaso, elegido a conciencia,
me resigno a la magia que, para algunos,
más bien pocos,
despierta la poesía.

Entrar a la poesía como en un desierto,
soportando el sol de otras letras,
el calor de otros labios,
la arena clara que se emancipa del soneto.
Entrar en la poesía como en un desierto
y descubrir el oasis de tu presencia y olvidarme de la aridez,
de las tormentas de arena, de la víbora acechante,
de la mordedura de la mamba negra
y de todas las demás sierpes ponzoñosas y rastreras
para las que tú tienes todos los antídotos posibles.

Y se derrumba el poema,
como lo hacen los imperios o los templos,
se desprenden en fragmentos los versos que un día fueron huellas,
dunas de recuerdos...
Ya zozobra el barco hacia Citerea,
no busques el amor en otros labios,
ni en otros tiempos o lugares,
no intentes alejar los fantasmas del pasado...
Todo vuelve a nacer para morir,
todo vuelve a crearse para ser destruido,
todo lo que se escribe es comido por el fuego
para luego renacer de sus cenizas...
¿Va a ser menos la poesía?

Aún te busco, lejos ya del tiempo, de los días y las horas,
el suicidio riguroso de las olas me recuerda mi vida y mi destino.
Espuma y arena, radiografía selvática del animal que fui en otra vida,
el lobo feroz que cuenta ovejas para dormir,
el capitán de barco que sabe que, aunque lleve el timón,
el mar dictará sentencia.
Aún te busco, pero sé que lo que necesito no me lo dará el poema,
ni me lo dará este domingo de oscura noche amarga,
mejor dejarse engullir por las fauces de este agujero negro que no acaba.

Esperar el prodigio, la luz que inunde la noche en vela,
esperar la lluvia en el balcón del alma,
en la desazón que provoca el ascetismo,
en las profundidades de las constelaciones inhóspitas,
en la hendidura impropia de tus dedos en mi piel...
Esperar la cicatriz, el fin de esta hemorragia, la escisión del daño,
y propiciar tormentas en tus ojos,
y arañar tus vértebras en esta guerra de distancias.

Intuyo tus pasos al otro lado de la vida,
el murmullo del cándido afluente ya se hace sentir en algún lado,
solo quería decirte que el poema quizás quede escrito
para importunar tus tardes.

Atraca en mi puerto un pensamiento perturbador,
la idea de marcharme,
de no cogerle cariño a nada,
de regocijarme en mi derrota...
Y pensar que los muertos y los ausentes no existen,
que no tienen sentido,
que ya volaron hacia otras bandadas inertes,
que ya no tienen sentido las estaciones...
La historia toma forma, crea un sistema de sensaciones,
mezcla de apertura y cierre,
estruendos y arañazos de silencio,
pautas inasibles para entender la vida.

Hoy me siento vacío,
soy el eslabón perdido que se engancha a ti por la palabra,
soy la casa en ruinas, el miedo a girar solo en el vacío,
la calle estrecha llena de charcos y farolas rotas,
el tiempo plagado de amenazas,
la luz falsa de la mala retórica,
el perfil vacuo de la eternidad...
Hoy me siento vacío,
y cojo la linterna,
me miro en el reflejo del cristal
y veo mi efigie mortecina,
estudio los ángulos de mi cara,
imagino mi piel acartonada,
consumida por los años sin luz
y solo veo huesos
y una piedra fría
inundando estos versos.

Escribir por pánico, escribir por pena,
escribir para marcar el tiempo,
para no sufrir,
para entender la vida,
para encapsular el llanto,
para sentirse libre,
para vivir en la derrota,
para expulsar el dolor,
para difundir la alegría;
escribir para ti, escribir para los demás,
escribir porque es un arma cargada de futuro,
escribir porque quieres imitar a Vallejo, a Cioran, a Gamoneda, a Lorca...
Escribir para el diálogo,
escribir en soledad,
escribir por la puerta de atrás,
escribir para explicarte el cosmos,
para no olvidar lo que ya sabes,
para recordar lo que olvidas,
escribir por pasión,
con rigor,
para ver tu trayectoria,
tus avances,
tus retrocesos,
tus pasos por el desierto,
escribir para contar,
para amar y enamorar,
en definitiva,
escribir para aprender a estar en la cuerda floja,
para seguir en la pelea,
para avanzar por el desfiladero del destino,
escribir, irremediablemente, ¿para sanar?

Y a pesar de todo, vivir,
sentir el viento frío cada día,
saber que quizás cabe rendirse,
que está la opción de morir de inanición.
Pensar que quizás hay cosas que valen la pena,
que el amor no se extingue a pesar del hastío,
a pesar del dolor.
Que la calle es una selva sin animales exóticos,
con especies en peligro de extinción.
Que los bares son los remansos del mediocre
o un lugar que colecciona almas en pena.
Y a pesar de todo vivir,
vivir con la exigencia del día a día,
amodorrado calmar la sed de rabia,
llevar a cuestas la tristeza y el futuro,
asumir el juego con la certeza de la derrota,
saber que todo seguirá igual sin ti.

Despójalo del sombrero,
de las plumas,
de la bufanda,
del collar de perlas,
de los anillos y abalorios,
de la chaqueta y la corbata,
de la camisa y los pantalones,
quítale los calcetines,
la ropa interior,
arráncale los músculos,
las uñas,
los cabellos,
los órganos,
llega hasta el hueso,
hasta el tuétano,
hasta lo intangible,
ahí está el poema.

A veces la vida te pasa por encima,
arrastra los sueños como el viento a la semilla,
el fuego es una lengua que lo lame todo,
la ceniza, que oscurece las palabras,
es el único elemento que perdura.
Asumimos el placaje de la incertidumbre,
el zumo agrio de la vanidad,
lo melifluo de las cascadas de hastío,
lo amargo de la victoria,
el éxtasis del desastre,
el abandono de los charcos producidos por el llanto,
la convivencia con el dolor,
la presunción de culpabilidad,
la renuncia a la inocencia que produce el ocaso de la infancia,
los lenguajes encriptados que esconden mundos
que solo serán comprendidos por los concebidos en las noches sin estrellas.

A veces el miedo advierte el desastre, augura el pesar oscuro,

[insiste en la llama tenue.

Otras veces se intuyen los pasos por la vida con el recuerdo de la muerte.

Es difícil trazar la estela que deja el águila del recuerdo,
como criaturas solitarias abogamos por la discordia

[en la pitanza de las lombrices,

buscamos la verdad en los opúsculos de la tarde,
pero el bostezo del pánico afila la aguja de la rueca
en la que todos sucumbiremos al sueño eterno.

Nace la pena, crece vagabunda, sufre diversas metamorfosis,
disímiles,
que se enredan como una enredadera en los muros del tiempo,
y con el paso de los días
arden,
corroen los palacios nocturnos
para viajar como tribu nómada hacia el veneno sísmico que perpetra la muerte.

Los perros salvajes corren hacia mí dejando a su paso regueros de vísceras,
entre los escombros encuentro mi último sueño,
la rebaja inhóspita de los días y el perfume de serpiente que todo lo embriaga.
Todavía quedan las incomestibles ganas de saciar el hambre
con la confusión de los versos,
que llaman a medianoche o a las puertas de la madrugada.
Todavía hay espacios para ocupar las horas
con envoltorios de celofán estrófico
que ciñan los días con la amplitud celeste de un cielo matutino.

Cederé el testigo a Ariosto antes de marchar al Parnaso,
Orlando viajará entre octavas a otro mundo virtuoso de caballerías.
Tú no te entregues a Medoro o me volveré loco...
Seguiré el eco de sus armas y sus amores,
engarzando en el viaje las luces y las sombras de mi vida
y en los jardines de senderos que se bifurcan estarás tú,
género perdedor,
renovando otra vez mi nueva vida para ser ahora Bradamante.

En la pérdida se ganan algunas cosas, se adquieren dotes de aprendizaje,
se distingue lo importante del oropel.
Se intuye el camino contrario al de la mayoría,
                                        [que es el camino que lleva a Oz.
En las fuentes de la edad se enraíza el nuevo idilio con la poesía
que había quedado abandonada por los ecos de la confusión,
y ahora toca volver a la rutina de la estrofa, para alzar el vuelo
aunque se sucumba en los albores de la fama
y todo el peso de la derrota inunde la ciudad.

Y seguir rugiendo a solas en la virtuosidad de lo infinito,
saber que el silencio tiene una importancia capital,
guardarlo como fuego,
saciarnos de él para volver a hablar.

Concienciar al alma de su viaje pasajero,
ser nómadas en las fauces de futuros universos,
romper la rima que me puede en estos versos
y reptar indefenso por los poros del papel.

Y en este cielo en llamas, la sensación confusa de no encontrar amparo,
la convicción rotunda de que la herida sigue abierta y se gangrena
si no oigo el salto súbito de la vida en el envés del tiempo.
Cuando se trata de necesitar algo se pierde,
porque la independencia fluctúa en el mar de la incertidumbre,
y no saber adaptarse a los años implica retorcerse en la rutina
y obliga al alma a lanzar sus elegías.
Mientras, el óbice del letargo lleva a estas letras al desastre de la ignorancia
y solo queda asumir el caos que fue perpetuo hasta la llegada de la luz mesiánica.

Dentro del estuche infranqueable de la memoria
guardo el pacto que hice un día con Dios,
las veces que vendí el alma al diablo,
los peligros del fuego y los miedos a lo inesperado.
A veces aspiro al gozo o a la euforia, pero no paso del tiempo del delirio,
guardián eterno de múltiples derrotas.
Soy agnóstico por convencimiento, frágil como el devenir,
dispuesto para el dado que amalgama el seguro azar,
escribiendo,
quizás,
las páginas finales,
las que guardan,
aturdidas,
los avatares que me faltan.

A veces quisiera volar,
saber qué se siente planeando en la inmensidad celeste,
respirar el aire limpio,
sentir el viento en el rostro,
hacer nidos con las ramas
y cambiar las plumas al llegar el otoño.
Sería como volver a nacer,
ser parido en otra vida,
gozar de alas para huir del tedio
y renunciar,
entre muchas otras cosas,
a estas manos torpes marchitas ya de poesía.

Hablamos de alta poesía,
de poesía visual, de poesía *low cost*, de poesía culta, poesía del desarraigo,
poesía de la experiencia, poesía social, poesía pura, poesía culturalista,
poesía que sigue y seguirá en las catacumbas, para inmensas minorías...
Poetas con miles de seguidores en Instagram, poetas novísimos,
[poetas cantautores,
poetas cascarrabias, poetas que olvidan su pasado, que no leen,
[poetas inagotables
(léase Claudio Rodríguez), poetas agotados (de leer y solo se leen a sí mismos),
poetas de altos vuelos, de quilates, súper ventas (casi extinguidos o muertos),
perdedores,
caza premios, poetas rescatados, contemplativos, reaccionarios,
[capitalinos o periféricos...
¿Qué más da qué es la poesía?
—me dices mientras clavas tu pupila azul
[en mi pupila del color de la Coca-Cola—...

Como el que pinta un cuadro
con tonos ocres,
con el hastío de la llegada del crepúsculo,
con el cielo ceniciento de una tarde de lluvia,
así llega el poema a mis dominios,
lo rescato de entre las hojas secas
y el bosquejo imperfecto de las palabras
manoseadas por los clásicos,
así llega,
tan manido,
que solo cabe el palimpsesto.

Los fantasmas que me habitan dejan su halo mortecino pegado a mi cintura,
de ellos aprendo el perfil difuso que tiene la muerte
y las atmósferas que se respiran en las profundidades del éter.
Cuando prepare mi sepelio
y deje mullido el ataúd para el sueño eterno,
consultaré con ellos cuál es el camino para alargar la vida,
o cómo hacer más llevadera mi oscura existencia,
cuando llegue el momento,
solo entonces,
si es que vivo para contarlo.

En las constelaciones del invierno eterno habita el poema,
esperando que algún día llegue la estrella que lo ilumine.
Mientras,
en el vacío de un agujero negro,
viaja inerte el poeta,
buscando alcanzar alguna dimensión por la que transitar.
El día que se unan poema y poeta alcanzarán la existencia eterna,
allá a lo lejos ya se vislumbra el *big bang*.

Con el tiempo ya abolido no hay lugar para el poema,
se acerca la llegada del diluvio,
la sarga espesa que cubrirá los días de caos y pesadumbre,
que traerá el objeto artístico como artefacto fulminante de conciencias.
Con la llegada del eclipse la irrupción del pánico es fehaciente y se sublima,
mejor sería honrar a los difuntos con elegías nacidas de las barbas de un ciprés
o principiar rodelas para defendernos de la intemperie artística
que suscitan las ráfagas informes de versos y silencios.

A veces la poesía está dispuesta a morir en la orilla,
a dejar varada la fiebre del éxito,
a perpetuar su esencia en las profundidades marinas,
y en ese cementerio persevera en ser feliz,
sin expectativas ni objetivos,
simplemente
dejándose llevar por las corrientes marítimas
y olvidando todo aquello que la impulsó a la existencia más inocua,
aquella por la que, todavía hoy, se lamenta.

Llega, a veces, la vida, vacía de alicientes, horadada por el fracaso,
perdida en los senderos del pasado, esperando algún señuelo,
barajando cartas para abordar un juego fratricida en el que el poema
es el as que guardamos en la manga, el que nos hace eternos
a pesar de los años, ella es la que dibuja nuestros contornos
antes de la llamada de la muerte, antes de que se aproxime
a nosotros una gran columna de humo...
Llega, a veces, la vida y nos conmueve, nos abraza lento
y nos permite ver, con otros sentidos, la belleza oculta
en los rastrojos, el oropel del desperdicio, las locas ganas
de encontrar los matices de la oscuridad en la oculta cueva
de nuestros miedos.

Puede que este poema no sirva para nada,
puede que esté perdido en este mar obtuso
cargado de mareas y oscuros arrecifes.
Puede que no vea la máscara que llevo
porque olvido desdoblarme,
porque he olvidado al niño que pensaba en mí,
el yo de hoy que en aquel momento era su futuro.
Ese niño hoy decepcionado busca las respuestas
que nunca encontró
mientras el adulto de hoy se deshace en elogios
hacia ese niño inocente y puro
y finge ante el espejo ser mejor en su derrota.

Escribir es corresponder a los aullidos de nuestra voz interior,
responder con versos es la forma fútil de campar en la Tierra,
de buscar en los arbustos la palabra que no se encuentra.
Percibo el rayo, la fuga de los huracanes que sacuden las paredes
y siempre vuelven a los pasillos de mi casa.
Escribir es sepultarse vivo,
tragar la tierra,
buscar el aliento,
no salvarse,
caer en la cuenta de que siempre se está en el precipicio.

Acercarse a la poesía es acercarse al vacío,
es entrar en coma esperando el milagro,
es cruzar las vías del tren cuando oyes que ya se acerca,
saltarse a ciegas los semáforos en rojo,
navegar por el Ganges sin barca ni remos,
volar hacia la nada, sin parapetos,
vivir en continua incertidumbre,
acostumbrarse al miedo al fracaso,
huir en caída libre hacia no se sabe dónde
y pese a todo asumir los riesgos y poner la otra mejilla.

Y querer ser alguien escribiendo versos
cuando ya no queda nada a lo que agarrarse,
cuando el día se convierte en la persecución de una utopía,
cuando buscas por las calles la palabra certera
para ensartarla, cual orfebre, en tu bosque inanimado.
Más vale dedicarse a la prosa —me dicen—.
«Escribe una novela, la poesía es un género menor».
Yo prefiero fustigarme, caer en la cuenta de que los últimos
a veces, o tal vez nunca, serán los primeros.

Por encima de metáforas, sinécdoques y aliteraciones,
de metonimias, de hipérboles, hipérbatos y anacolutos
está la magia que suscita el poema,
Por encima de la rima, de la métrica, del ritmo, de la estrofa,
de la musicalidad, del dinero, del aplauso, de la reconfortante
emoción que ha suscitado entre el público, está el poema,
mirándote de frente
y diciéndote que lo mejor aún está por venir.

Por las vetas de fuego que despiertan las miradas
aparece, como el fénix, la poesía,
se va incrustando entre las grietas de la casa,
va envolviendo los lugares más ocultos,
permite sobrepasar los límites,
salvarnos, a veces, del psicólogo,
despedir los días con la consciencia de la muerte,
pensar en el tiempo amarillo que nos queda,
palpar los cuerpos con haces azules de tinta inacabada.
todo esto y más nos da la poesía.
¿Cómo obviarla, negarla o despedirla?

Y llegan los cipreses a la vida, con su sombra alargada,
recordándonos que no somos invencibles,
que habrá días para morar eternos entre ellos.
Llegan los cipreses y no hay árbol más sutil,
él nos recuerda el poema de Gerardo Diego en el vetusto monasterio de Silos,
él nos trae la novela de Delibes y nos despierta de todas las utopías.
Si hay un árbol que despierte en nosotros la consciencia de la muerte
y las ganas de poesía
ese es el árbol del filo, del cielo hacia el abismo,
eterno ciprés, que allí me esperas.

Por el fulgor eterno de las estrellas se me escapa hoy un pensamiento,
el recuerdo remoto de los tiempos en los que los antepasados miraban
a la misma estrella que miro yo ahora, y surge en mí el dolor,
[la llamada de lo fútil,
lo divino y lo pagano se fusionan, y no me veo en mí por ningún sitio.
Tremendo diapasón que ya te frenas, cadáveres que yacen sin quererlo,
trascendencias que ya son polvo en el polvo...
¿Y yo, loco, pretendo ser eterno por dos versos mal paridos?
Solo, desde la oscuridad de esta noche, sigo barruntando cómo hacer
para no salir herido de esta espiral de constelaciones.

Y todavía me pregunto a qué llamar eternidad
si el rayo penetrante dura solo un instante e infunde temor por donde pasa,
¿qué voy a producir yo más importante que me haga ser eterno o permanente?
Todo lo que hay a mi alrededor es permeable,
                                                [me embriago de todo lo que veo,
exploro los versos de otros años y estoy al día en poesía contemporánea.
¿Dónde voy a encontrar agua, en este desierto de tus ojos?
¿Qué otro pozo buscar más allá de esta voz que ya no grita?
Las calles anegadas de universos enjuician a la noche con sus ojos,
y ya no me abro paso,
disimulo,
y me pierdo en la oscuridad del callejón del tiempo.

Y cuando no haya canto habrá silencio, el silencio que nunca se agota,
que vence al sarpullido de las palabras, a la borrasca titánica del lenguaje
con el que emborrono el papel en blanco.
Rindámonos a la pleitesía del silencio, agasajemos su torre encriptada,
nada hay más bello...
Rompemos sus aristas al salir del vientre materno,
al cruzar la frontera del cordón umbilical,
al devastar con el llanto su olimpo sin mácula,
olimpo al que volveremos para rendirle el más tétrico homenaje.

Y regresar, como el ángel caído del poema de Pavese,
y de las ascuas renacer como ave fénix,
traer del olvido las cáscaras de nuez, para iniciar el viaje hacia otro sitio,
en el que llegue, por fin, a ser feliz.
Pero luego se entromete el miedo, tan necesario para sentirse vivo,
tan inherente a la vida, aunque sea un mal huésped.
Necesito el cáliz de la bienaventuranza,
el flotador para no ahogarme en la laguna Estigia,
las gafas de sol para el fulgente brillo de tus ojos,
los greguescos y gorgueras para hacerme pasar
                                    [por un poeta oscuro del siglo XVII.
Vago por el mundo esperando la acreditación que necesito,
la que me haga salir de este limbo en el que sigo perdido
a pesar del tiempo fúlgido que viví entre tus brazos.

La duda es escarcha, moho ennegrecido,
partida perdida de antemano, vigorosa zarpa en el hombro.
En un bosque plagado de incertidumbre
                    [no hay más que la certeza de la muerte,
los versos marchitos, la carne arrugada, el bocado de Adán,
                                        [esbozo del pecado.
Gritar es la única posibilidad de salvación,
gritar y esperar la mano hermana, el dulce fulgor del endriago,
la cadencia de unos labios que susurran los sonidos del tiempo,
las superfluas antítesis de este final que ya duele.

A veces llega la nostalgia, como el que se come un puñado de arena,
llega la nostalgia y la recibimos con el primer bocado todavía a medio masticar,
porque la nostalgia es el sacrilegio más dañino,
la cáscara que queda al probar el fruto,
el humo tenue del fuego que un día ardió,
la rama oscura que era verde en primavera,
las huellas imperfectas, todavía insinuadas en la arena,
la piel dormida que despierta ante el recuerdo de una caricia,
los años sin Benedetti, sin Juan Gelman, sin Gonzalo Rojas, sin Pizarnik...
Las llaves perdidas que abrían todas las puertas,
los restos de la fiesta, el cristal empañado de angustia y desarraigo,
estos versos, la poesía, la música que algún día nadie recordará.

Y tras la ingrata experiencia no hay más preguntas señoría,
el cruce de declaraciones es innecesario, la burbuja ya ha explotado,
dejemos caer la tarde y preparemos los sepelios de la extinción.
no alegaré locura transitoria, ni enajenación mental,
no haré enmiendas a la totalidad, ni recurriré su veredicto,
simplemente pido que todo quede visto para sentencia,
no hay más preguntas señoría, *también se muere el mar.*

Hacia el camino que lleva el viento y la rutina vuelo yo
con los últimos años que me quedan, con el azul del mar
intentando ilustrar lo profundo que esconde el alma;
con el frío de enero me dejo llevar por el letargo,
sin esperar la lumbre o el fuego de las brasas que irrumpen
ardientes en el espejo de los días.
Vacío de desiertos, soliviantando las premisas de la luna
para llegar al verso desnudo, despojado ya de oropeles y
de ripios que desnaturalizan el lenguaje,
allí busco mi lugar,
en el que comenzar a sesgar las palabras que sobran a este reto literario.

Llegados a este punto me siento como el niño de
El traje nuevo del emperador, aquel kamikaze que ha decidido alzar la voz,
que se aleja de lo políticamente correcto, que no sigue el redil,
el que escribió *La Apoteosis de la inercia*, el que salió del Gran Hermano,
el que no acepta la opinión mayoritaria, el que pide cuentas
y reflexiona sobre aquello que importa
sin necesidad de que le escuchen.

Soy el que en el mundo digital apuesta por lo real, el que no comulga
con ruedas de molino, el malo del cuento, el paria, el beduino,
el que, en la sociedad del éxito, las modas y la fama, ha elegido perder.

Intuir el fracaso ante el espejo, cortar las alas que sabes que no volarán,
limpiar el rostro de las mieles de la victoria,
ser consciente de que todo pende de un alambre,
de que la rueca aguarda al otro lado de la puerta
para llevarnos al sueño eterno,
de que la manzana podrida espera al oeste del Edén,
de que los sapos y las ranas ya alimentaron al príncipe destronado,
de que los montones de estiércol no sirven para tapar la verdad,
de que todo pasa y que somos lápidas tupidas de moho
en un planeta perdido en el oscuro infinito.

Ya he llegado al final, ya he dado testimonio de mi fracaso,
de las razones por las que elegí perder,
de las deudas que tengo con los versos,
de las traiciones, las nostalgias y los fogonazos surrealistas,
de todo eso me hago responsable.
Escribo porque es mi premio de consolación,
porque busco aceptarme ante el espejo,
porque finjo ser un poeta con todas sus letras,
cuando solo soy el aprendiz del juego inasible del lenguaje.
Os pido perdón por la tristeza,
os pido perdón por creerme derrotado de antemano,
pero todo es un palimpsesto,
revivimos las vidas de otros, para eternizar nuestros egos.
Os pido perdón, insisto,
porque, como hacen los trileros,
os he invitado al engaño poético
y habéis picado.

AGRADECIMIENTOS

Este libro no sería posible sin la inestimable ayuda y el aliento de los escritores y amigos Eduardo Boix (autor del prólogo) y José Luis Zerón Huguet que, gracias a sus siempre confortadoras palabras hacia mi poesía, me han permitido superar mis miedos y mis momentos de flaqueza; en este arte tan difícil de escribir versos habéis sido un acicate para no dejar de perseverar.

Tener referentes que son amigos es uno de los tesoros más valiosos que me ha regalado la vida.

Siempre agradecido.

ÍNDICE